Seguir em frente

Cecilia Sfalsin

Seguir em frente

Não é uma escolha, é uma ordem da vida.

Obedeça.

4ª reimpressão

Copyright © Cecilia Sfalsin, 2018
Copyright © Crivo Editorial, 2018

Edição: Haley Caldas e Lucas Maroca de Castro
Projeto Gráfico: Maria Soledad Maroca de Castro
Capa: Maria Soledad Maroca de Castro
Fotografia da Capa: KieferPix/Shutterstock.com
Revisão: Nathan Matos

S522s   Sfalsin, Cecilia

         Seguir em frente: não é uma escolha, é uma ordem de vida. Obedeça / Cecilia Sfalsin ; revisão: Nathan Matos ; projeto gráfico: Maria Soledad Maroca de Castro. – Belo Horizonte: Crivo Editorial, 2019.
         104 p.

         ISBN: 978-85-66019-64-3

         1. Religião. 2. Evangelização.3.Religiosidade. 4. Vida Cristã. I. Matos, Nathan. II. Castro, Maria Soledad Maroca de. III. Título

                                                             CDD: 200
                                                             CDU: 2: 1

Revisado segundo o novo Acordo Ortográfico da Língua Portuguesa (Decreto Legislativo nº54, de 1995)

Trinca Edições é um selo que pertence à Crivo Editorial

Crivo Editorial
Rua Fernandes Tourinho, 602, sala 502
30.112-000 - Funcionários - BH - MG
www.crivoeditorial.com.br
contato@crivoeditorial.com.br
facebook.com/crivoeditorial
instagram.com/crivoeditorial
crivo-editorial.lojaintegrada.com.br/

Respiro Deus, e n'Ele encontro inspiração para cada letra do meu coração. A Ele toda honra e glória.

Seja confiante em suas escolhas quando elas estiverem na vontade de Deus para sua vida. Ainda que aos olhos humanos pareçam absurdas e impossíveis, seja otimista e confiante. A perspectiva humana é limitada, mas a divina é infinita e perfeita quando em nós há fé e força de vontade. O segredo é nunca parar, nunca desistir, apenas seguir.

(Yla Fernandes)

*Quero trazer à memória
o que me pode dar esperança.*

(Lamentações 3:21)

Sorriso que corre solto,
amor inviolável,
Penso, quero, adormeço,
quero estar com Ele,
amigo fiel, como é bom no real.

(Pastora Luciana I. Santos)

O meu coração ferve com palavras boas, falo do que tenho feito no tocante ao Rei. A minha língua é a pena de um destro escritor.

(Salmos 45:1)

PREFÁCIO

A vida não é uma linha reta e percebemos isso quando nos deparamos com seus caminhos íngremes. Vez ou outra tropeçamos em alguma pedra, caímos no chão e percebemos o quão difícil é caminhar.

Seguir em frente, apesar de todas as dores e adversidades, é necessário. Nenhuma história se faz se fincarmos os pés no chão. É preciso desenraizar nossos pés daquilo que nos impede de caminhar.

O livro de Cecilia vem nos instruir sobre a necessidade de cultivarmos o amor-próprio, de caminharmos sem olhar para trás, de enfrentarmos os obstáculos da vida. A obra é um presente para nós. Uma espécie de manual de instrução que nos ordena caminharmos corajosamente em direção aos nossos sonhos.

Pâmela Marques, autora de "Mel & Pimenta".

ÍNDICE

Perdoar para curar	17
Não se deixe envenenar	19
Sobre esperas	22
A fé que me move	24
Seja o seu primeiro amor	27
Seu coração ainda bate	29
Sobrevivi	32
Sobre ensinamentos e descobertas	34
É preciso estar no centro da vontade de Deus	37
Cuide do seu coração	38
A grama do vizinho é mais verde?	41
O amor versus o apego	42
Discipline suas emoções	45
Abadone o que não é para ser	47
Ouça Deus	50
Nunca é tarde para recomeçar	52
Amor precisa ser livre	55
Construtores da vida	57
Cuide da sua vida	60
Ame-se por favor	62
Cuide-se	65
Um ato de coragem	67
Seja você mesmo	70
Não se deixe paralisar	72
Remova os excessos da sua vida	75

Tire os seus olhos da multidão que te cerca e avance!	77
Você nasceu para florescer o mundo de alguém	80
Não importa o tamanho do seu problema	82
Tente outra vez	85
Autoestima	86
Amizade	88
Amor-próprio	89
Viva	91
Proteja seus pensamentos	92
Seguir em frente é uma ordem da vida, obedeça.	94
Amor amigo	95
Agradecimentos	99

Eu ainda tenho aquela mania boba de observar borboletas. Sei que elas são frágeis, porém são corajosas. Pousam onde bem entendem e sabem exatamente quando devem se retirar: mesmo que estejam no estômago.

PERDOAR PARA CURAR

Aprendi que é necessário desatar os nós para que os laços se refaçam, mas compreendo que não é tão simples assim. Quando se trata de sentimentos e coração, o processo é demorado. E não é qualquer fita que fica intacta quando se desata seus nós. Não é qualquer situação difícil ou ofensa que é esquecida, mesmo que o tempo passe. A nossa alma precisa estar bem, estar leve, estar perdoada para que tudo em nossa vida encontre o caminho dos recomeços. E, para isto, o perdão também precisa ser exercido por nós.

Não há nada neste universo que Deus não ajeite, não conserte dentro de nós. Não há ferida que Ele não cure quando estamos dispostos a viver o novo, quando queremos muito dar a volta por cima e tentarmos mais uma vez. Sem nos atropelarmos naquilo que não deu certo. "Tudo é possível ao que crê" (Marcos 9:23). Sim, contudo leiam atentamente! As possibilidades existem para quem crê naquEle que tudo pode fazer, desde que andemos em seus preceitos.

Tenha calma, tenha fé, tenha paciência, tenha ânimo, e não retroceda jamais. Se permita melhorar a cada dia. Tente não viver de um passado ruim, procure não remoer mágoas, nem alimentar ressentimentos, abrace as oportunidades, se dê uma chance e aprenda que certas dificuldades são como treinamentos em nossa vida, mesmo que nos cause dor ou que nos aperte por dentro. Há sempre algo sendo construído por trás dessas repentinas e desavisadas provações. Deus é maior.

NÃO SE DEIXE ENVENENAR

Das experiências ruins que já tive, a pior veio daqueles que tiveram minha confiança. O que é normal quando mantemos um bom relacionamento com gente que – aparentemente – parece ser diferente das outras. E que, por essa razão, nos fazem pensar que não irão nos machucar. Contudo, é nessa ingenuidade que a gente bate o nariz na porta.

Porém, é louvável para qualquer ser humano não mudar o seu jeito de ser só porque se feriu com quem não soube ser grato e transparente. É tremendamente honesto e bonito não deixarmos com que o comportamento maldoso do outro mude o nosso jeito de ver a vida com mais delicadeza e humildade. Nem a nossa maneira de ajudar seja lá quem for.

Devemos ser o que somos sem nos envenenarmos pelo que o outro é em seus atos enganosos e tristes. Há pessoas que nos tratam bem quando precisam, é isso mesmo, no português aberto e bem-dito: por interesse e oportunismo. Só nos procuram quando estão em seus apertos e tormentos. Só batem palmas para nós quando estão necessitando de um favorzinho extra. Só fazem de conta que nos gostam quando o que precisam no momento está bem ao nosso alcance. E, sinceramente, me cansei desse tipo de gente há muito tempo. Apesar de que eu ainda acredito que fazer o bem sem olharmos a quem é, e sempre será, a nossa melhor escolha. Desde que estejamos conscientes de que a recompensa vem de Deus e, é d'Ele que devemos esperar o melhor sempre.

" Não ignore ninguém nesta vida. Não humilhe, não se esqueça dos primeiros começos, não deixe de lado aqueles que nos seus momentos mais difíceis estiveram ao seu lado. Por mais que os dias, os meses ou os anos passem, doce ou amarga, um dia a semente que plantamos dá o seu fruto. "

SOBRE ESPERAS

As coisas em minha vida acontecem devagar e eu vou levando como posso sem atropelar o que é pra ser. Não me empolgo mais com certos elogios, nem encho os meus olhos com certas propostas que talvez sejam até interessantes, mas que no momento não é oportuno.

Aprendi a sonhar com os pés firmes no chão e a esperar que as coisas aconteçam no tempo e conforme a vontade de Deus para mim. Não estou dizendo que eu sou superpaciente, que esperar é a minha maior virtude e que eu não sofro quando parece tudo ser demorado. E sim, que a pressa nos faz abraçar o imperfeito, o engano, o que não é nosso e que provavelmente nos trará grandes e doídas consequências futuras.

Já recebi muitos nãos nesta vida e fui ignorada diversas vezes. A princípio pensei não ser capaz, depois culpei os outros. Hoje eu compreendo o quanto me foi necessário tudo isso. O quanto eu cresci e o quanto precisamos proteger o nosso coração do mal. Trabalharmos nele a humildade e a compreensão para não mergulharmos tanto em almas rasas a ponto de nos contaminarmos com elas. Nem vivermos de entusiasmos.

Se conselho fosse bom seria cobrado, mas eu me arrisco a te dar um: saiba caminhar pelas estradas que este mundo te oferece com cautela e dignidade. Não vá com tanta sede ao pote, não aceite tudo pensando que é benção, nem saia pisando nos outros acreditando que amanhãs não existem.

Aquilo que é do Senhor para nós nos alcança, aquilo que é milagre construído por Ele nos abraça, aquilo que é para nos honrar não precisa de força, nem é necessário que a gente corra desesperadamente atrás buscando plateia, forçando a barra, gritando mais um, nem lambendo o chão de ninguém.

Tudo que é para nos trazer alegria, paz e realizações acontece exatamente como deve ser e do jeito que deve ser quando nos colocamos aos cuidados daqu'Ele que tudo pode fazer. Deus tem o seu modo de agir e as pessoas certas para usar ao nosso favor. Seja você, e acredite no cuidado d'Ele com a sua vida. Menos expectativa, mais oração.

A FÉ QUE ME MOVE

Eu tenho uma fé bonita que carrego comigo todos os dias e que através dela permaneço em pé. As coisas nem sempre saíram como eu queria, mas tudo que tem me acontecido tem sido como Deus quer, pois há muito tempo eu coloquei o meu coração aos cuidados d'Ele e decidi caminhar segundo a sua perfeita vontade.

Talvez eu não entenda o porquê de algumas situações, talvez eu até sofra por algumas delas, mas não tenho a intenção de desistir daquilo que Ele tem para mim. E, mesmo que as dificuldades tentem me impedir, eu farei o possível para chegar até o fim. Se é que exista fim diante de uma vida abundante que Ele nos promete.

Meus dias não têm sido fáceis assim como de muitas pessoas também não, e este é um dos motivos pelos quais eu não me permito lamentar. Só agradecer por ser forte, por saber calar, por compreender que eu não sou a única a sonhar e a ter que enfrentar tempestades pela realização desses sonhos tão distantes para mim.

Não deixo com que o meu coração se contamine pela maldade desse mundo, nem que ele se enfraqueça pelo descaso de alguns. Apenas me escondo vez em quando só para me refazer de algumas dores que vez ou outra lateja em nós. Não por sermos fracos, mas por sermos humanos e necessitarmos de alguns cuidados especiais, que não nos sugue o respeito, nem o amor que devemos sentir por nós e pelo outro também.

O que quero dizer a você é que têm coisas em nossa vida que não valem a pena mesmo. E uma delas é nos embriagarmos de tristeza porque alguém nos feriu, foi ingrato ou nos abandonou. Nem nos colocarmos como a pior pessoa da face da terra porque alguma coisa deu errado.

O segredo daquele que vive, respira e acredita em milagres e bênçãos desavisadas é recomeçar sempre. E compreender que em momentos bons ou ruins a vida sempre nos traz uma lição. E Deus sempre nos faz crescer através delas. Tudo passa e o que fica são as grandes experiências do que se foi. Sem ressentimento. Só perdão e agradecimento.

> Fica na sua! Silencie! Deixa Deus te exaltar. Aqueles que andam falando mal do seu ministério, zombando da sua fé e duvidando da sua unção, ainda vão ouvir falar muito sobre você por aí. Foi assim com Davi quando duvidaram da sua força, fé e coragem. Tiveram que contemplar ele sendo honrado pelo rei e desfilando com a cabeça do gigante nas mãos.

SEJA O SEU PRIMEIRO AMOR

Moça, moço! Não aborte os planos do Senhor na sua vida por um amor que não deu certo. Não se torne assassino de si mesmo pelo fim de um relacionamento. Não perca o melhor da vida por alguém que não perderia jamais a vida dele por você. Não se mate, por favor.

Me lembro de uma moça que visitei há alguns anos a pedido do próprio parceiro – se é que posso dizer assim – e de sua irmã que era uma grande amiga minha. Porque ela, além de ter tentado contra a própria vida, se recusava a deixar a casa dele, me lembro que quando cheguei para conversar com ela, os seus olhos estavam inchados de tanto chorar. Seu coração parecia doer em mim e a sua voz mal saía, de tanto que já havia implorado para que ele voltasse atrás em sua decisão. Ele já tinha outra.

Essa cena nunca saiu da minha cabeça, nunca me esqueci daquele dia. Não eram casados, apenas se propuseram a morar juntos um dia e não deu certo. Quando olhei nos olhos dela e vi tamanha tristeza, perguntei: vale a pena mesmo se sujeitar a tudo isso? Vale a pena querer ficar onde não te cabe mais? Vale a pena sofrer por alguém que já te colocou para fora da vida dele e nem sequer se preocupou com o tanto que estava te machucando? Vale a pena deixar de existir?

Ela, muito debilitada, se levantou, disse que só precisava de forças e decidiu viver. Hoje está casada, muito bem casada e com dois filhos lindos. Deus projeta uma vida para nós e, muitas vezes, pelo desespero, pelas cobranças ou até mesmo por afetos falsos nos deixamos enganar. Permitimos que alguém possua o nosso coração pelas urgências e perdemos o controle dos nossos sentimentos.

Amor não mata, amor constrói. O que faz com que uma pessoa queira morrer por outra é o apego, é a falta de amor por si. É o medo de não conseguir dar a volta por cima sem aquele, que nem sequer deu importância a tudo que ela estava sentindo. É o não esperar em Deus, é o não acreditar na cura d'Ele e nas bênçãos reservadas que Ele tem. Se ame, por favor, ande na direção do Senhor e Ele te colocará acima de qualquer decepção ou dor.

SEU CORAÇÃO AINDA BATE

Não sei se foi uma decisão certa ou se eu abri mão de algo que poderia ter dado certo, mas no momento ando me cuidando mais. E, depois de muitas tentativas em provar que eu era uma pessoa bacana, do bem, cheia de afetos sinceros e não receber reciprocidade em nada resolvi deixar para lá.

A gente sofre um bocado, mas o suficiente para nos colocarmos de frente a um espelho e nos descobrirmos. O bastante para entendermos que não podemos forçar o outro a nos querer por perto e que se a gente não soma, realmente, a melhor decisão é partir. Afinal, ninguém é obrigado a nos engolir.

Sei que tudo passa, mas isso só acontece quando permitimos. Caso contrário o luto se estende em dor e culpa – coisas que podem ser evitadas, quando o que há em nosso coração é força de vontade, coragem e um monte de sonhos sendo construídos.

Para ser sincera com você: não existe aquele que não crie expectativas ou que não se engane em relação a alguém. E sendo mais objetiva ainda: a gente cai, sim, mesmo prometendo para gente mesmo nunca mais se enganar. Porém, há um grande aprendizado nisso tudo: a gente cresce de tal forma que faz valer cada lágrima. E, se a dor lateja por dentro, é porque o coração continua batendo, pedindo espaço para novas oportunidades e se libertando do que não foi bom.

Eu continuo arriscando em meus conselhos, se achar devido, pegue para você, ainda é gratuito: sentimentos não podem dominar pensamentos, porque se isso te acontecer, ele também dominará suas atitudes e tudo que você fizer será fora da sua razão. Você significa muito para Deus, muito mesmo e não merece passar uma vida correndo atrás de uma pessoa que faz de tudo para te ver distante.

Já senti na pele isso e na alma também. E sei o quanto é difícil nos manter longe de quem tanto cuidamos. Mas há coisas que é com Deus e não com a gente. E que melhor do que se ferir por nada é você acreditar que tudo passa. E que quando a gente quer, a gente consegue se continuar.

> Se é para dar certo e se você acredita que precisa se aquietar para que algumas coisas em sua vida aconteçam, então guarde em oração os seus projetos. E se possível for, não espalhe os seus sonhos a ninguém. Pior do que alimentarmos a curiosidade alheia, é entregarmos a nossa confiança a quem nunca desejou o nosso bem.

SOBREVIVI

Dos tantos desafios que a vida me propôs, das tantas experiências que já vivi com pessoas – com situações difíceis – das tantas adversidades que me afetaram emocionalmente ou que me fizeram ficar sem chão algumas vezes, o que eu tenho a dizer é: sobrevivi.

E só sobrevivi porque Deus foi me ensinando a enfrentar os ventos sem acumular o mal dentro de mim. Sem deformar o meu coração, sem perder o meu melhor, sem permitir que as coisas ruins fizessem parte do meu presente de forma doída e ressentida.

Somos feitos de afetos sinceros e fé bonita. E quanto mais deixarmos de lado o que não valeu a pena, mais chances temos de avançar, de crescer, de conquistar o que almejamos em qualquer área de nossa vida. Dores não são convidadas, viu? Elas chegam sem avisar, mas o bonito de tudo é que elas têm o poder de nos reconstruir por dentro. Entretanto, entendam, eu não disse que devemos hospedá-la com todas as honras da casa, mas que precisamos fazer delas uma oportunidade e não uma arma de destruição. Encará-la sem medo e não afagá-la como se elas fossem dominadoras dos nossos sentimentos. Como se elas ditassem as regras da nossa alma e nos tornassem escravos de suas amarguras.

Enfim, a verdade é uma só: para tudo há um propósito e se pensarmos bem em todas as batalhas que enfrentamos, encontraremos em cada uma delas uma lição de vida, que fará parte das nossas construções futuras e que provavelmente se transformarão em bênçãos esperadas e milagres pedidos. Se não aceitarmos suas sequelas em nós.

SOBRE ENSINAMENTOS E DESCOBERTAS

Neste mundo, onde os valores se distorcem e os sentimentos deixam de ser priorizados pela vontade excessiva de ser e ter de alguns, eu decidi me respeitar. E colocar, acima de tudo e todos, Deus em minha vida e à frente dos meus sonhos e das minhas escolhas também.

Decidi me cuidar de uma maneira decente, proteger o meu coração do que é mal, fazer com que cada segundo dos meus dias seja proveitoso, caminhar devagar e sem pressa. Observando os caminhos, construindo experiências, e exercitando a minha fé em cada situação que eu tiver que enfrentar.

Aprendi que a honestidade da vida se abriga por dentro da gente também e que, às vezes, precisamos nos salvar de tudo aquilo que nos atrasa, que desbota a nossa alma, que encarcera o nosso riso e nos libertar para que as coisas boas tomem o seu lugar em nós.

Descobri que não podemos nos contentar em sermos apenas úteis para os outros, mas que precisamos, acima de qualquer coisa, nos sentir importantes e não permitir que nos suguem ou nos desvalorizem por possuírem nossos afetos e a nossa atenção.

E com estes ensinamentos, decisões e descobertas, me dei conta de que é necessário saltarmos de paraquedas daquilo que só nos fere e pisarmos em terra firme. Acreditarmos mais em nós, abraçarmos com vontade esta oportunidade de viver de novo e de novo, e de novo para que a gente ganhe todas as manhãs, e entendermos que nada é tão mais interessante nessa vida do que nos sentirmos interessantes para nós mesmos e supervalorosos para Deus.

> Ultimamente tenho evitado expectativas. As pessoas não merecem essa responsabilidade de terem sempre que realizar as minhas vontades, nem eu mereço me cobrar tanto pelo que não está ao meu alcance fazer. Preciso depender de Deus, preciso confiar nEle, preciso me cobrir de fé.

É PRECISO ESTAR NO CENTRO DA VONTADE DE DEUS

Ao longo dos anos, me aprisionei a um sonho que, até então, eu achava que era o melhor para mim, que eu pensava que bastava esperar, que era só confiar e Deus faria com que tudo acontecesse a seu tempo. Até eu descobrir que o que eu desejava não era o mesmo que Ele desejava para mim e, por esse motivo, perdi grandes oportunidades e dei com a cara na porta muitas vezes.

Tive decepções que eu mesma gerei e frustrações que eu mesma plantei em mim. Não foi fácil ter que renunciar ao que o meu coração queria, para abraçar o que Deus me entregava. Mas eu me venci, eu lutei por mim, eu quis e esse é um dos maiores motivos que me fez chegar até aqui.

E escrever um pouco da minha vida, da minha fé, do meu coração e do grande Autor que me inspira desde quando eu abro os meus olhos pela manhã até o encerrar de cada dia. A Ele, toda honra e glória; a Ele, toda a minha gratidão...

CUIDE DO SEU CORAÇÃO

Nossos valores se perdem quando damos créditos à negatividade das pessoas, quando acreditamos naquilo de mal que elas pensam a nosso respeito, quando nos sujeitamos ao fracasso, quando deixamos de acreditar em nós por um erro que cometemos, quando nos desmerecemos por alguém que não correspondeu aos nossos sentimentos, quando deixamos tudo de bonito se perder dentro da gente por uma mágoa, por uma tristeza, por um passado ruim, por um ressentimento, por uma ofensa. Quando desistimos de sonhar.

Provérbios 4:23 diz: "de tudo que se deve guardar, guarde o seu coração, porque é dele que procedem as saídas da vida." Se você ainda não sabe: o coração é a parte mais delicada do nosso corpo, porque é nele que se abriga os sentimentos, é nele que são geradas nossas ações e intenções e, é ele que, muitas vezes, controla todas as nossas escolhas e decisões.

Assim como ele ama, ele também nos engana e nos leva por caminhos tortuosos e de total sofrimento. Nosso valor está naquilo que decidimos nutrir em nós, por mais que tudo pareça dar errado ou por mais que os outros não reconheçam a grande pessoa que a gente seja.

O que nos mantém de pé e capacitados é o que decidimos acreditar. É a certeza que carregamos dentro de nós, do que realmente somos diante de Deus e diante dos outros. Sem a necessidade de provar nada para ninguém.

Somos como um espelho que quando empoeirado não reflete uma boa imagem, mas quando o desempoeiramos, quando tiramos todos os resíduos emocionais, tudo que não faz bem para a nossa alma, o reflexo traz a beleza real vinda de Deus para nossa vida e nos ensina que o nosso valor depende de nós, do que permitimos ser, do que permitimos sentir e da forma como abraçamos aquilo que já possuímos, através do grande significado que temos para aqueles que realmente nos amam.

Somos o melhor projeto do Senhor. Lembrem-se disso, quando tentarem te diminuir. Ser humano algum tem o poder que Ele tem.

> Tudo passa. Tenha calma. No lugar da ferida se refaz a carne, no lugar da dor se refaz o amor, no lugar da perda se refaz a esperança. E, é pelas esperas que se refaz um coração. Tudo passa quando a gente se aquieta. Tudo se refaz quando a gente acredita.

A GRAMA DO VIZINHO É MAIS VERDE?

"A sua grama é mais verde do que a do vizinho": é assim que devemos pensar, ao invés de escalarmos o muro da inveja e nos dedicarmos a fazer sombra na grama do alheio. É com os olhos da fé e o pensamento puro que devemos nos colocar como grandes jardineiros e nos dedicarmos ao nosso jardim pelo que a gente sabe plantar. Usarmos a nossa habilidade, sermos criativos, escolhermos boas sementes, cuidarmos bem da nossa terra regando-a com dedicação, amor e confiança. Para assim, aguardarmos o dia da colheita com o coração vibrando de alegria, por colhermos os frutos das nossas mãos, sem precisarmos imitar ninguém.

O AMOR VERSUS O APEGO

Já li muitas definições de desapego por aí como se fosse a coisa mais normal do mundo: e não é. Quando estamos apegados a algo ou a alguém a sensação que temos é de proteção e ao mesmo tempo dependência. Tudo em nossa vida gira em torno daquela pessoa, o nosso mundo parece não existir se ela não nos der atenção. É quase que uma obsessão: você começa a não respirar o seu próprio ar por se achar totalmente ligado ao outro, ao que ele sente, ao que ele faz ou deixa de fazer. O apego é tão dominador que nos faz sofrer, às vezes, pela imaginação e nos torna totalmente aprisionados a um sentimento de abandono e insatisfação.

É algo que acontece dentro da gente, que mexe com o nosso emocional, que nos desequilibra cada vez que sentimos aquela pessoa distante. Não li nada disso em livros, não falo por teoria, falo por experiência mesmo e confesso: não é fácil se desapegar, não é fácil deixar ir, não é fácil se distanciar pelo medo da perda que temos e pela insegurança de estarmos abrindo mão do que aparentemente nos deixa de pé, mas que, aos poucos, está sugando o nosso respeito, o nosso tempo, a nossa identidade e o nosso valor próprio também.

Tudo que aprisiona a nossa alma atrasa a nossa vida e nos torna infelizes. E foi trabalhando o amor-próprio em mim que descobri que não é das pessoas que nos desapegamos, mas do que sentimos por elas excessivamente e, por essa razão, os afastamentos acontecem.

Mas isso a gente só descobre quando o coração dói, não pelo que o outro não foi capaz de nos oferecer ou entender, mas pelo tanto que a gente se envolveu sem se proteger. Apego é muito parecido com o amor, os sintomas são os mesmos, a diferença é que ele nos faz desistir de nós pelo outro, já o amor nos ensina a transbordar dele para depois nos dedicarmos ao outro.

É por isso que quando conseguimos nos desapegar resgatamos não só a nossa autoestima, mas a força de sermos nós mesmos, respeitando e amando o outro. Deixando de depender do outro, dependendo unicamente de Deus.

" Eu acredito que quando as coisas ficam mais difíceis ou o coração da gente aperta por alguma espera é porque Deus está construindo algumas paredes fortes em nós. Para nos manter mais firmes, mais confiantes, mais capacitados a possuir o que tanto almejamos. Não sei explicar o porquê de doer tanto, só sei dizer que o trabalhar d'Ele é diferente do que imaginamos, porém Ele é muito perfeito no que faz. "

DISCIPLINE SUAS EMOÇÕES

Há guerras em nós que precisam ser vencidas pelos nossos silêncios, pela nossa oração, pela nossa sabedoria, pela nossa fé e confiança em Deus. E não pelo que estamos sentindo naquele momento diante de uma situação difícil, de uma afronta, de uma ofensa ou de humilhação.

Nenhum soldado pode assumir uma batalha debilitado emocionalmente, ninguém por mais ofendido ou cansado que esteja pode encarar uma adversidade sem antes buscar forças naqu'Ele que em tudo nos faz vencer, nenhuma pessoa pode se expor tanto se não estiver estruturada por dentro para enfrentar o que vier contra.

Há certos momentos na vida da gente que é preciso cautela e muita tranquilidade para que o nosso agir, o nosso falar, a nossa forma de pensar não nos coloque contra a parede e nos furte a paz, a tranquilidade, o respeito e o tantinho de coragem que ainda nos resta para nos mantermos de pé.

Entenda-me, não estou dizendo que você deve fugir, se acovardar, mas em certas situações precisamos primeiro nos cuidar, deixar com que as nossas feridas se cicatrizem, colocar a nossa cabeça no lugar, para depois tomarmos certas decisões que provavelmente serão necessárias para a construção do nosso futuro.

De uma coisa eu tenho a plena certeza: ninguém nos conhece tão bem como Deus e por mais que o mal tente nos abalar ou destruir Ele sempre estará nos cuidando, nos protegendo e nos livrando. Ele sempre estará ao nosso lado.

Aquiete o seu coração, saia do meio dos barulhos, seja indiferente ao que chega para te afrontar e espere que no momento certo Deus agirá.

ABANDONE O QUE NÃO É PARA SER

Alguns pontos finais eu que coloquei. Onde obviamente algumas pessoas queridas por nós dirão que merecia só uma vírgula, um até logo, um até um dia ou, quem sabe, um até amanhã, talvez. Mas, sinceramente, não sei viver de metades, de talvez, de depois ou de "vamos deixar as coisas acontecerem", com certas indecisões no meio. Isto não me cabe, porque eu sei que o tempo passa rápido e as oportunidades de mudanças também.

Não podemos nos alimentar de dúvidas diante das tantas certezas do agora, não podemos mendigar amor e afetos, ser pedintes de atenção se o nosso coração sente fome do que é perfeito e gratuito. Não podemos ficar à espera de alguém que pouco se importa com a gente. Não podemos, de maneira alguma, nos sujeitar à ingratidão do outro quando decidimos nos valorizar por inteiro e nos amar de um jeito especial e verdadeiro.

Certos abandonos são necessários na vida da gente, certas decisões também e quanto mais insistirmos naquilo que não é para ser, mais nos anulamos, mais nos maltratamos, mais nos machucamos.

Um conselho eu deixo a você no dia de hoje: nada acontece por acaso em nossa vida, nada mesmo. O que faz doer em nós, também nos fazer crescer e não podemos adiar sofrimentos quando dependemos de uma escolha para seguirmos em frente.

Nem sempre vamos acertar e precisamos desocupar os lugares dentro da gente para abrirmos espaços maiores para as nossas novas realizações. Cito coisas que não nos servem mais, falo de pessoas que não nos importa mais, digo sobre recordações que não valem a pena mais.

> Nem tudo conseguimos apagar das nossas lembranças e certas saudades vão doer, sim. Certos momentos guardados vão sair da gaveta algum dia e fazer com que o nosso pensamento viaje em tantas coisas boas, que deixamos de viver ou que não aproveitamos quando elas aconteciam. É preciso viver o agora, para que ele não se transforme em arrependimentos.

OUÇA DEUS

Levei um bom tempo perguntando a Deus o porquê de que muitas das minhas orações não serem atendidas e o motivo de tantos sonhos frustrados, de tantas decepções, de tantos cansaços na alma. Até que o Senhor me ensinou o significado da oração e como chegar corretamente diante dEle.

Aprendi que não devemos questioná-Lo, mas estarmos atentos ao seu comando e entendermos que a oração deve ser feita pela sinceridade do nosso coração, que assim como temos tempo para qualquer atividade diária devemos ter tempo com aquele que sabe tudo sobre nós.

Seja para pedir ou apenas agradecer. E que não importa onde, não importa como, se elevarmos o nosso pensamento a Ele seja em lágrimas, em palavras ou apenas em nossos silêncios, os seus ouvidos estarão atentos a nos ouvir e a nos responder.

É preciso falar com Ele sem nos acharmos donos da verdade ou de nossa vida, mas como filhos amados. Dependentes dos cuidados de um Pai zeloso, cuidadoso e que sabe muito bem do que realmente precisamos. A vontade dEle precisa estar acima da nossa, para que a nossa vida tenha sentido, para que os nossos dias sejam vitoriosos e para que os nossos sonhos se realizem exatamente como devem ser e nos tragam satisfação.

Não sabemos orar como deveríamos, isso é fato. O Senhor requer de nós confiança e muitas vezes, quando chegamos diante dEle para pedirmos algo, nos esquecemos que é pela fé que as coisas acontecem, é pelas esperas que se concretizam e é pela sua perfeita vontade que se ajeitam em nós e para nós.

Se você tem orado a Ele, se você tem se colocado em suas mãos e tem permitido que Ele cuide da sua vida, então descanse em sua promessa e creia em seus propósitos. Saiba que Ele não abandona ninguém, por mais falhos que sejam. E, que quando deixamos Ele trabalhar o seu querer em nós, não importa o tempo, não importam as circunstâncias, não importa o quanto seja difícil ou pareça impossível, Ele age, Ele faz na hora certa e de acordo com aquilo que a gente deseja.

"Cheguemos, pois, com confiança ao trono da graça, para que possamos alcançar misericórdia e achar graça, a fim de sermos ajudados em tempo oportuno." (Hebreus 4:16)

.

NUNCA É TARDE PARA RECOMEÇAR

Não é tarde para você recomeçar, aliás, nunca é tarde nessa vida para tentarmos fazer o que é certo quando o coração da gente ordena. Já fui muito desorientada, já tropecei e caí nem sei contar o número de vezes e falo com toda certeza deste mundo: passou o que era dor incurável, passou o que era tempestade assustadora, passou o vendaval, o medo, a angústia, as afrontas. Passou porque eu quis que passasse e porque Deus ouviu as minhas orações e o meu estado quase que implorativo de querer mudança.

Não é possível que não haja dentro de você aquele botãozinho de amor-próprio, procura aí, todo mundo tem isso, todo mundo sabe o que é se valorizar, se amar, se querer bem. Todo mundo está mais do que grandinho para entender que precisa se cuidar acima de qualquer doação afetiva e que o que sai de dentro da gente precisa ser reposto.

Bacana essa coisa de amizade linda e amor intenso, bacana mesmo, mas peraê! Um vaso quebrado, machucado, trincado não suporta água, não segura o bonito, o lindo, o intenso, vaza tudo pelas aberturas provocadas pelo tempo que você não se cuidou.

A ordem é: deixar de lado esse tanto de coisa que não vale a pena e se reorganizar. Nada vai dar certo na sua vida se o seu interior não estiver bem, se o seu coração estiver com sentimentos amargos, se o perdão não for a sua estrada e se Deus não for a sua direção.

É bem mais fácil você amar e se amar do que se perder por quem nunca quis te achar. A vontade de Deus para gente é perfeita, se agarre nela e recomece.

> Verdade. A vida realmente é um sopro. Não avisa o seu fim, não nos prepara para o quê ou quem vamos perder e este é um dos motivos que precisamos amar e valorizar todos os dias aqueles que nos rodeiam em presença, atitudes, palavras e em amor. Nunca sabemos se o depois existirá.

AMOR PRECISA SER LIVRE

Todo e qualquer relacionamentos que te priva de ser quem você é, que te constrange, que comanda a sua vida, que controla os seus passos, que te domina, que te faz pensar que todo mundo a sua volta não te quer bem como ela, que te afasta de outros amigos e até mesmo de sua família, que te manipula com juras de lealdade e amor eterno e não te deixa respirar a sua própria vida, não é sadio, não provém de Deus e só te trará problemas. Caia fora, por favor.

Quando você se sujeita a outra pessoa, permitindo que ela roube a sua liberdade de ir e vir, você já se torna dependente afetivo e consequentemente laçado pela vontade dos outros e não a sua. Ninguém pode te dominar a ponto de comandar os seus atos e pensamentos, seja uma amizade ou um namoro.

É claro que eu acredito no respeito e sou totalmente a favor da lealdade, da confiança, da reciprocidade, do andar dois juntos em acordo, do ser fiel independente de uma insatisfação ou não, porque eu sei que ninguém é perfeito.

Mas a partir do momento que o outro se acha o dono do seu coração, impondo sobre você o querer dele, tirando toda a sua naturalidade e alegria, te fazendo ser seu boneco de estimação 24 horas por dia, já se torna um relacionamento perigoso, destrutivo e escravocrata. O amor vem acompanhado de liberdade e respeito, não tira a personalidade de ninguém.

Quem chega para somar em nossa vida causa mudanças boas em nós, nos deixa bem, são agradáveis em seus atos e palavras e não sufocam os nossos sentimentos.

Pessoas manipuladores carregam dentro de si feridas velhas, escondem sua verdadeira identidade, vão nos ganhando com seus falsos sentimentos e cuidados excessivos, com as suas carências, com os seus vazios construídos pelas suas próprias negligências, até que por uma insatisfação se revelam monstruosamente. E aquilo tudo que diziam sentir por nós se transforma em ódio e ressentimento, nos colocando como seus piores inimigos a ponto de nos machucar e prejudicar.

CONSTRUTORES DA VIDA

Não temos controle sobre os nossos sentimentos e por este motivo não podemos dizer que é apego quando o que existiu foi lindo e verdadeiro. Quando os dois corações se respeitam mesmo estando longe um do outro. Há relacionamentos que terminam por um coração, mas o outro continua amando, continua esperançoso. Continua acreditando em reviravoltas e eu acredito que o que é intenso não acaba tão facilmente.

Mas por outro lado, quando o fim procede de um desrespeito, de uma falta de cumplicidade, por descasos, ausências, mágoas e tristezas, a prestação de contas é maior e eu não creio, em hipótese alguma, que uma pessoa possa dizer que ama sofrendo na mão de quem não se importa, não cuida, não se preocupa, nem protege. Entende?

O amor vai muito além de tempo ou palavras, ele envolve atitudes e memórias. Todo e qualquer relacionamento tem que haver reciprocidade, lealdade, trocas essenciais para que ele sobreviva sem feridas, sem um querendo ser, saber ou sentir mais do que o outro.

A balança precisa estar equilibrada para que ambos se mantenham confiantes e fiéis ao que se doam. A dor que mais dilacera é aquela que fica te culpando ou te fazendo acreditar que aquela pessoa não errou com você. E que tudo poderia ter sido diferente se você tivesse se submetido a tudo que não te preenchia.

Portanto, dizer que segue "amando" uma pessoa que só te trouxe uma sensação de fracasso e que te fez pensar muitas vezes que você não servia para nada é realmente um desrespeito próprio, me entenda, eu disse amar no sentido de falta e presença.

Quanto ao perdão que você libera e o amor de Deus, inexplicável e inconfundível que devemos sentir por alguém, mesmo que ele não mereça é outra história da vida que todos nós devemos fazer parte dela.

Se o nosso pensamento for sadio, sábio e inteligente, vamos gerar SENTIMENTOS de cura em nós, sem cobranças, sem exigências, sem julgamentos. O pensamento negativo tem um grande poder de construir imagens não muito agradáveis de situações, coisas e pessoas, mas nós temos o grande poder de dominá-lo se estivermos totalmente no centro da vontade de Deus. Pensamentos bons são grandes construtores da vida.

" Acorde! Se cubra de oração, se encha de gratidão e recomece. O que for bênção para a sua vida, Deus te entregará, e o que não for, Ele te livrará. "

CUIDE DA SUA VIDA

Em uma escala de 0 a 10, dou nota 9 para quem cuida da sua vida se preocupando somente em orar e ajudar o outro em suas necessidades sem ser invasivo ou indiscreto em suas deduções, julgamentos ou comentários desnecessários. Nove porque é um quase dez. E o "um" que faltou é para lembrá-lo sempre que perfeito mesmo é só Deus. Parece até grosseiro o termo "cuide da sua vida, que eu cuido da minha", mas é que na verdade, olhando somente para o essencial, não podemos ficar o tempo todo querendo ser professor de ninguém. Nem devemos de maneira alguma ditar regras, dizer o que ele deve ou não fazer. Criar padrões só porque a nossa forma de pensar difere da dele e o nosso modo de viver também.

As pessoas são livres e essa liberdade foi dada por Deus. Todos nós temos o direito de ir e vir desde que não ultrapassemos os nossos limites. Desde que não sejamos desrespeitosos com ninguém. Desde que o caminho que a gente decida seguir seja o correto.

A palavra de Deus é clara no que diz "se creres e me ouvirdes comereis o melhor dessa terra" (Isaías 1:19), e essa verdade e promessa não é uma imposição e sim uma escolha. Ou seja, se crermos em Deus, se fizermos a vontade d'Ele, se andarmos em seus caminhos e ouvirmos com prudência e atenção as suas instruções diárias nos alimentaremos do seu melhor. Nos fartaremos de suas bênçãos, nos deleitaremos em seus sonhos que vão bem além dos nossos. Nos realizaremos n'Ele mesmo que os dias difíceis cheguem.

É por isso que eu digo que a nossa missão aqui na terra é apregoarmos o amor e levarmos aos corações palavra de vida, de fé, de coragem e salvação sem forçamos ninguém a nada e sem fazermos o papel de juiz sobre a vida dos outros, pois isso cabe a Deus e não a nós.

Seja um instrumento do bem, seja uma carta viva de Cristo, seja testemunho, seja gente de coração sincero e traga para perto o que realmente for revertido em benção para você.

Não seja uma flecha que fere, mas seja amor que alivia e aquieta corações. Faça o bem a quem mereça e a quem não mereça também. Trate o outro com o respeito devido e não se vanglorie quando ele por algum motivo tropeçar. A vida da gente é bem assim: nos devolve em frutos a semente que a gente decidir plantar.

AME-SE POR FAVOR

Antes de amar alguém, por favor, se ame primeiro. Quem se ama não se maltrata, nem se deixa ser maltratado. Eu sou superfã do amor, sou de aplaudir de pé relacionamentos inteiros, transparentes, humanos, que não se disfarçam de casais perfeitos, mas que sabem equilibrar com sabedoria seus sentimentos e temperamentos. Sabem respeitar o outro, se calar quando necessário e bater uma resenha básica e precisa sem se agredirem, sem tocar em feridas, sem apontar defeitos. Mas me entristeço um tanto quando ouço alguém dizer que ama, que quer de volta, que não consegue viver sem aquela pessoa depois de várias agressões mesmo que só verbais. Depois de tantas humilhações, depois de ter sido desmoralizada e ferida com tanta força uma, duas, três, várias vezes.

Entenda, não estou a julgar ninguém, porque sei o quanto é difícil certas decisões em nossa vida. O quanto é doído termos que renunciar àquele que possui os nossos sentimentos, o quanto é pesado termos que seguir em frente, mas, ao mesmo tempo, penso que aquele que nos maltrata não nos ama, nos possui, nos escraviza, nos torna dependentes, nos faz mendigar, nos faz ser quem nunca fomos e, além de tudo, nos afasta da vida, das pessoas que amamos, dos amigos, até da nossa família e nos coloca à sua disposição só para nos ver rastejar.

Não leve adiante um namoro que só te causa dor, não torne um compromisso mais sério aquilo que já está mais do que claro que não vai dar certo, não se recuse a receber o livramento que Deus está dando a você.

> Atitudes também são referências. Aquilo que você faz define quem você é diante de Deus e dos outros.

CUIDE-SE

Pode até parecer clichê, frase pronta, meme de rede social ou algo do tipo, mas vou ser bem sincera com você: uma hora a gente tem que acordar, pôr o pé na estrada, respirar fundo e se conscientizar de que precisa se cuidar. De que a vida da gente precisa urgentemente ter sentido e que, às vezes, precisamos nos colocar em uma pequena redoma de vidro e permitir que Deus nos restaure de muitas coisas indesejadas. E de algumas feridas velhas, que aparentemente estão cicatrizadas, mas que doem muito quando são tocadas inesperadamente.

Rever alguns conceitos em nós faz parte, querer que as coisas se ajeitem também e não há nada mais prazeroso do que a nossa liberdade de ir e vir sem nos sentirmos presos a certas obrigações, que provavelmente foram criadas pela nossa falta de percepção. Pela nossa ingenuidade em pensarmos que a vida é feita só de flores e que nós somos a parte mais colorida que só enfeita, mas não sente, não ama, não se entristece, não se decepciona e concorda com tudo e todos.

Aprendi que o tempo é devastador – vez em quando – mas também é amigo em muitas ocasiões e que, se soubermos entendê-lo, lá na frente encontraremos as tantas respostas que precisávamos para compor o novo roteiro que escolhemos seguir.

Eu poderia te dar inúmeros conselhos válidos de coisas que já vivi ou que já presenciei por aí afora, mas como esse é só mais um texto, eu só digo que você jamais poderá ser alguém bem-sucedido e de muito valor se insistir carregar em seus ombros a dor do que não deu, se continuar relatando todos os dias o mal que te fizeram, se você não souber perdoar o outro nem se perdoar e se você não se merecer também.

Remoer passado é desconstruir a alma e perder a sua forma, a sua essência e a sua beleza. Não podemos de maneira alguma deixar com que as coisas ruins sejam superiores ao tanto de sonhos que guardamos no peito.

UM ATO DE CORAGEM

Certas desistências são necessárias na vida da gente, mas nem sempre percebemos isto. Até que as coisas que eram tão esperadas por nós começam a descer ladeira abaixo e as oportunidades que tanto almejávamos passam tirando sarro da nossa cara.

Sim! Nem tudo é para ser e, se não formos inteligentes o bastante para nos salvarmos dos erros enquanto há tempo, as consequências serão árduas e provavelmente munidas de arrependimentos. Tem muita gente limitando a palavra desistir, como se abrir mão de algo fosse covardia, mas eu te afirmo que não.

Renunciar o que está te impedindo de viver a sua vida honestamente, de cumprir os propósitos que Deus tem para você ou de tirar os seus pés do chão é um ato corajoso. E, acreditem, o motivo de julgamento para alguns também.

Eu já desisti de alguns sonhos por outros que eram para ser. E não me interpretem mal, desisti do que o meu coração priorizava, insistia, marretava em minha mente como se eu fosse morrer por não os conseguir e optei por ficar no centro da vontade de Deus.

Escolhi abraçar o querer d'Ele e esperar o Seu tempo para cada coisa em minha vida. E confesso a vocês, não foi fácil. Aliás, nenhuma mudança é fácil, mas acreditem: as coisas começaram a dar certo para mim.

Não podemos ser tão emotivos, nem apegados ao que não nos faz seguir em frente. Tudo que nos paralisa, paralisa a nossa fé e, aos poucos, mata a nossa esperança.

Ninguém encontra a felicidade preso ao que não lhe faz bem, ninguém consegue ser alguém bem-sucedido se não se libertar de certos ressentimentos, de certos sentimentos ruins, de certos fantasmas do passado, de certas amizades, de certas pessoas que, ao invés de somar em nossa vida, só nos empurram para os abismos com seus sentimentos de inveja, falsidades e engano.

É preciso saber desapegar para compreender os desígnios do Senhor, é preciso saber renunciar o orgulho, a arrogância, para descobrirmos o que realmente está faltando em nosso relacionamento, em nossa vida profissional, familiar e espiritual também.

Têm coisas que só nos atrasam e que por mais difícil que seja se não desistirmos delas, desistimos de nós e de quem amamos também. Falo de tudo que não acrescenta, não flui, não nos beneficia em nada e que, consequentemente, não provém de Deus.

> Nunca se esqueça: quando Deus determina algo para sua vida, Ele já coloca os seus anjos a lutar a seu favor. Não há tempestade, vento, difamação, disse-me-disse, decepção, concorrência ou superioridade alguma que o faça voltar atrás em sua palavra. Ele cumpre o que fala. O que Ele promete, Ele faz.

SEJA VOCÊ MESMO

Houve um tempo em minha vida que a opinião dos outros era mais relevante do que aquilo que realmente me fazia bem. Se alguém me apontasse o dedo em alguma questão ou acenasse para mim com as suas críticas irônicas eu logo me esquivava e tentava mudar aquilo que a princípio eu já havia aprovado. E isto foi definhando os meus sentimentos, a minha capacidade de ser quem eu realmente sou e até mesmo a minha comunhão com Deus.

Quando a gente se apega ao que o outro pensa sem se dar uma oportunidade de se cuidar, começamos a viver por medo. As nossas ideias ficam atrofiadas e quanto mais tentamos nos sobressair em alguma coisa, sempre vamos dar um passo atrás. Não por estarmos errados, mas por não estarmos seguros do que podemos ser ou fazer sem que alguém opine. Falo em todos os sentidos: se as suas pernas não se moverem, as do outro só te levarão a fazer o que ele quer. É claro que bons conselhos sempre serão bem-vindos. E é obvio que quem quer o nosso bem não nos puxa para trás, não nos deixa inibidos, nem nos coloca no chinelinho se fazendo de mais inteligente e sábio.

Quem aposta na gente nos ensina, nos empurra para frente, nos dá dicas sem nos diminuir, nos instrui ao invés de se achar em cima das nossas fraquezas. Não existe esta tese de ferir ou humilhar só para ajudar. A vontade de Deus para nossa vida está além disto e Ele nos deu o direito de ir e vir, de fazermos escolhas, de tomarmos decisões. Ele nos capacitou a viver pelo que somos. Não permita que a opinião desenfreada dos outros te impeça de se realizar na vida, de viver, de avançar em seus projetos. Você tem talento, você pode ir além do que muitos imaginam, então vá lá e faça. Se errar, tente de novo, se cair, levante, só não permita que as circunstâncias te roubem a generosidade do coração, nem a confiança que o todo poderoso deposita em você. Dependa de Deus.

NÃO SE DEIXE PARALISAR

Não deixe que as afrontas paralisem você. Na dificuldade dobre os joelhos e ore. Você deve estar se perguntando, que maluquice é essa? Precisamos ser afrontados para sermos abençoados? Eu não disse isto! Eu disse que: quando estamos para receber algo de Deus, o nosso adversário dá logo um jeito de impedir que isso chegue em nossas mãos.

Ele logo procura meios de nos atingir, ferir, tirar de cena. Ele faz de tudo para atrasar a parada e, assim, nos enfraquecer na fé. Nos fazer pensar que Deus não nos ouviu, ou melhor, que Ele não está nem aí para nós. Foi assim com os grandes profetas do Senhor e não será diferente com a gente.

Quando Neemias soube que a cidade estava desprotegida, ele chorou com Deus e se dispôs a reconstruir os muros de Jerusalém, os inimigos se levantaram, zombaram da sua coragem, tentaram impedi-lo e sabe por qual motivo? Porque com a cidade murada eles não teriam mais acesso a ela, eles não atacariam o povo e para entrar na terra teriam que bater à porta. Fizeram de tudo para que Neemias desistisse do seu propósito, mas ele foi até o fim porque acima da sua perseverança, cuidado e força, Deus estava com ele.

Não saia por aí dando créditos ao mal que te chega, não fique se perdendo de você por gente insatisfeita. Avance! O versículo nos diz que "mil cairão ao seu lado, dez mil a sua direita, mas não tocarão em você" (Salmo 91:7). E essa é a promessa na vida de quem crê, de quem não perde tempo com coisas insignificantes, de quem se dispõe a lutar pelo que quer, de quem não desiste.

Está difícil? Dobre o joelho e ore, mas não dê confiança a nada que te faz se desviar daquilo que você tem desejado tanto, porque é bem no finalzinho que os ventos sopram mais fortes.

> Não adianta você dizer que ama alguém, se o seu cuidado é desleixado e distante. Se você tem medo de estar perto, se você finge não ver e sentir. Se você não procura saber como está, se você se acha tão superior ou tão sem tempo que mal sabe o que se passa no coração do outro. Nada forçado é saudável para ninguém e quanto mais se abandona, mais o tempo leva para longe.

REMOVA OS EXCESSOS DA SUA VIDA

Uma das causas de muitas enfermidades no mundo hoje é o excesso de peso. Além de causar desânimos e falta de motivação em algumas pessoas, ele também traz sérios riscos para saúde. O coração fica comprometido e a possibilidade de ter uma vida limitada é muito grande. Ou seja, cuidar do próprio corpo não é vaidade, jamais direi isso, e sim uma necessidade do ser humano. Além de nos deixar superbem.

Assim como o corpo pede para ser cuidado, a alma também implora. Tudo que passa dos limites dentro da gente, tudo que traz desconforto ao nosso coração, tudo que nos abala emocionalmente e nos tira a segurança, a certeza, a confiança, a vontade de seguir em frente, o desejo de crescer e ser feliz não nos faz bem. E provavelmente estará comprometendo o nosso futuro.

Excessos causam dores e desistências. Tudo que é demais tem o poder de sufocar, roubar espaço, fazer com que as coisas não tenham liberdade de acontecer em nós e para nós. Se você tem um sonho, uma meta e decide ir de encontro a tudo isso, então você vai precisar pensar seriamente naquilo que está carregando em sua bagagem. Se o que está dentro vale a pena ou não manter.

Você precisa ter consciência de que nada nessa vida é fácil e que se desejamos alcançar o impossível precisamos renunciar o que está atrasando os nossos passos, cansando as nossas pernas, fazendo com que a gente não tenha forças para chegar onde desejamos chegar. Isto não é uma escolha, é decisão. Falo de coisas que estão só ocupando lugares em suas gavetas, mas não estão fazendo diferença alguma em seus dias, falo de pessoas negativas, que ao invés de te darem pontos positivos, te fazem ser caranguejo, dando passos para trás, falo de namoros mal resolvidos que não caminham na direção de Deus, que não te deixa feliz, que não te preenche, falo desses sentimentos ruins causados por uma decepção, uma insatisfação, uma amargura que brotou através da sua falta de perdão, falo de ciúmes excessivos que só trazem dores, brigas e frustrações.

Falo daquilo que necessariamente precisa ser removido para que tudo dê certo para você. Equilíbrio, fé e sensatez é tudo que precisamos ter se realmente tivermos a intenção de vencer.

TIRE OS SEUS OLHOS DA MULTIDÃO QUE TE CERCA E AVANCE!

Sabe aquele ditado popular que todo mundo profere por aí: "gente para te ajudar se conta nos dedos, mas para atrapalhar a sua vida e te por pra baixo se perde a conta!" Pois é, vamos lá que a coisa aqui é séria, e muito precisa para quem realmente deseja vencer na vida.

Nenhuma multidão, por mais numerosa que seja, justifica qualquer desistência se a sua fé estiver totalmente firmada naquEle que tudo pode fazer. Não existe poder ou força capaz de paralisar a d'Ele, ou fazê-lo desistir de nós.

A não ser o nosso medo, a nossa falta de coragem e a nossa disposição em dar mais ouvidos à negatividade que chega pelo vento, do que às promessas que já foram decretadas sobre a nossa vida. Você não está me entendendo?

Então vou ser mais clara: saia desse buraco que você mesmo se enterrou pela tristeza e aprenda a viver pela vontade de Deus e não pelo que os outros espalham sobre você.

Se o cego Bartimeu tivesse dado ouvidos à multidão que o mandava calar e não incomodar o Mestre, ele nunca teria sido curado. Detalhe: ele era cego, mendigo e solitário. Ninguém dava nada por ele, ninguém acreditava naquele pobre coitado na beira do caminho, mas Jesus parou ao ouvir o seu clamor.

Por quê? Primeiro porque aquele homem teve coragem de enfrentar uma multidão pelo que ele queria e segundo porque o Senhor não olha o exterior de ninguém. Ele olha para o que a alma de uma pessoa diz e acreditem: ela diz o que as lágrimas não deixam. Às vezes, ela diz exatamente o que os nossos silêncios, dores, humilhações e lutas diárias não dizem.

Ela diz o que ninguém sabe sobre nós para ser tão impiedoso em suas deduções e até mesmo em sua forma de nos impedir de crescer, avançar e conquistar. Deus tem planos para cada um de nós e se atendermos a sua ordem e avançarmos, o que vier contra só fará parte da nossa história, mas não nos impedirá de vivê-la. Reaja.

> Se você não fosse tão importante, Deus não estaria em silêncio trabalhando em seus sonhos. Ele não estaria do seu lado te protegendo e te livrando de algumas ciladas que provavelmente você só percebeu depois. Ele não estaria te revelando o caráter de algumas pessoas, nem te ensinando a esperar com paciência. Se você não fosse tão importante, Deus não cuidaria do seu coração, nem permitiria que você conquistasse o que já conquistou até hoje. Se você não fosse tão importante, Ele não seria tão responsável com a sua vida.

VOCÊ NASCEU PARA FLORESCER O MUNDO DE ALGUÉM

Sim! Enquanto você se consome todos os dias por não conseguir agradar a muitos, Deus trabalha em sua vida para te fazer um instrumento de mudança na vida de alguém. Ele molda os seus pensamentos, Ele refaz as suas forças, Ele te enche de sabedoria, Ele reconstrói a sua inteligência e a torna habilidosa e sensata. Ele te capacita a fazer coisas que no seu estado humano natural você não faria. Ele te concede dons e te enche do Espírito Santo d'Ele para que tudo que você fizer, falar ou agir seja pela sua perfeita vontade e faça algo de extraordinário na vida de quem realmente deseja ser feliz e precisa da sua ajuda.

Não se torture quando alguém não elogiar ou aplaudir os seus feitos, não se sinta para baixo quando alguém disser que não gosta de você, que não se agrada daquilo que você faz ou que não está satisfeito com a sua presença, com a sua vida, com as suas realizações ou com a sua forma de lidar com os outros.

Psiu! Agradar a todos mata a nossa personalidade e não estamos aqui para nos anular e sim para fazermos a diferença na vida daqueles que realmente acreditam na gente. Você não tem que viver para quem não te admira. Isto cansa, você tem que fazer valer a pena a sua vida e mostrar a que veio a este mundo, através de suas atitudes verdadeiras e honestas diante de Deus e de você mesmo.

Você nasceu com propósitos e só sentirão a força do seu coração aqueles que se permitirem a ele. Siga o seu caminho semeando as suas boas sementes, foque naquilo que realmente contribuirá de alguma forma com o seu futuro.

Ignore esse povinho mal-amado que já se profissionalizou em atirar pedras, não seja justiceiro querendo a todo custo tirar satisfações com quem não muda nada em você. Faça os seus dias valerem a pena, faça a sua alma ser mais bonita, desconstrua suas opiniões formadas em cima das feridas que já te causaram e reconstrua um pensamento novo de fé, esperança e confiança nAquele que te prepara um caminho novo todos os dias e que não te cobra aparência, nem te diminui pelo que você realmente é.

NÃO IMPORTA O TAMANHO DO SEU PROBLEMA

Certas adversidades surgem para nos fazer parar, certos ventos contrários sopram para nos distanciar da fé, certas lutas acontecem para nos fazer desacreditar no cuidado de Deus com a nossa vida. Não existe um só ser na face da terra que não tenha passado por situações difíceis, mas há aqueles que já desistiram por medo, cansaço ou incredulidade.

Que abandonaram os seus sonhos pelo caminho por se sentirem debilitados que emprestaram os seus ouvidos à negatividade de uns e outros e escolheram a frustração a ter que batalhar pelo que desejava o seu coração.

O que eu tenho para te dizer hoje é: quando o Senhor determina algo para nós, quando Ele planeja, quando ELE escreve e registra não há nada que o impeça de agir e por mais que as tempestades cheguem devastando a nossa alma Ele jamais solta a nossa mão, Ele jamais permite com que a força dela nos destrua ou com que a sua fúria nos atinja.

Senaqueribe, rei da Assíria, invadiu a cidade de Judá, tentou se apoderar de todas as cidades ao redor, se levantou contra Jerusalém e Ezequias juntamente com todo o povo tampou as fontes de água, edificou os muros quebrados, preparou o povo para a guerra, orou e disse: "não tenham medo, mesmo que ele venha contra nós com uma multidão enorme, mesmo que ele nos afronte ou duvide do poder que está acima de tudo e todos, com ele está o braço de carne, mas conosco está o braço forte do Senhor" (2 Crônicas 32). E o mesmo eu digo a você que me lê: o que vem para nos destruir, vem para nos fortalecer, vem para nos provar o quanto estamos protegidos e guardados, o quanto estamos cercados de amor.

E o que precisamos fazer é tapar as fontes do medo, levantarmos os muros da confiança e acreditarmos que do mal, da dor e da falta de fé Ele nos livrará.

Não importa o tamanho do seu problema, a sua vitória já foi decretada por aquEle que te guarda, protege e cuida. Se levante, se erga, e não abra mão dos seus sonhos, não abra mão da sua vida, não abra mão de nada que você deseja. Mesmo que lhe custe algumas lágrimas, não permita o desespero de enfraquecer. Deus te honrará.

" Tem gente que vence um leão por dia e tem gente que vence vários: além de ursos, cobras e escorpiões. Todos vão levando a vida como podem e na maioria das vezes sem contar suas feridas para ninguém. É por este motivo que não devemos julgar os outros, principalmente em seus dias difíceis. Pois, se não pudermos nos colocar no lugar deles, que pelo menos a gente tente imaginar como dói termos que nos vencer todos os dias e só podermos contar com Deus e mais ninguém. Cada um sabe o peso que carrega e a dificuldade que enfrenta. "

TENTE OUTRA VEZ

Comece de novo! Tente de novo! E não olhe as circunstâncias nem para os desafios. Vá em busca dos seus sonhos, caminhe na direção da sua fé, tenha coragem e não tema os recomeços.

Se os obstáculos forem altos, Deus te fará mais alto do que eles. Se os ventos forem fortes, Deus te fará mais forte do que eles. Se as tempestades forem ligeiras e devastadoras, Deus te fará voar no meio delas de cabeça erguida até que você chegue onde o seu coração por meio da vontade dEle desejar.

Só não pare nem pelo cansaço, nem pela incredulidade dos outros. Enfrente o que tiver que enfrentar e saiba que: o que nos faz avançar em meio às lutas, o que nos faz continuar em meio às dores, o que nos faz acreditar em milagres é a confiança que depositamos naquEle que mesmo sabendo que somos tão pequenos, frágeis e falhos, muitas vezes, nunca deixa de nos proteger, abençoar e cuidar. Ele é fiel.

AUTOESTIMA

Autoestima é igual identidade: você precisa dela e independente do que o outro fale, pense, espalhe, vomite, se escabele a seu respeito, é de sua responsabilidade mantê-la protegida e em alta.

É seu dever se guardar de qualquer ofensa e se manter de pé diante de qualquer ataque de gente insatisfeita e sem paz. É sua obrigação se olhar no espelho todos os dias e se merecer, se querer bem, se cuidar, se amar sem esperar isso de ninguém.

O mal de quem se deixa abater pelo mal que vem é não acreditar no valor e na importância que tem e se contaminar pela ruindade de quem não sabe dar amor a ninguém.

> O que ninguém viu, Deus viu. O que ninguém ouviu, Deus ouviu. Basta. Não temos que justificar aos outros nossas decisões, quando o que está em jogo são os nossos sentimentos, o nosso caráter, o nosso amor-próprio e o nosso respeito.

AMIZADE

Seja um bom amigo! Mas não se permita ser manipulado por ninguém. Amizade bacana é aquela que te ensina o que é bom, é aquela que não te contamina em relação aos outros por uma insatisfação pessoal, é aquela que não te leva ao caminho do erro cobrando lealdade, é aquela que te faz ser gente transparente e não inconsequente.

Meu conselho para os bons entendedores de amizades saudáveis é: construa uma ponte que te leve a conhecer novos amigos, ao invés de se embaraçar na corda dos outros e dar ouvidos a conversa fiada. Certas referências maldosas procedem de corações insatisfeitos, que, por terem sido desagradados, resolveram envenenar o caminho do outro.

É bacana ter opinião própria, é bacana saber discernir a verdade da fofoca desenfreada, é bacana não se deixar levar pela ruindade.

AMOR-PRÓPRIO

Amor e valor é a gente que se dá em primeiro lugar. São virtudes inquestionáveis que precisam ser levadas a sério. Se alguém falha com você ou fere os seus sentimentos, não quer dizer que eles são responsáveis pelas suas desistências, nem culpados pelas dores que você, por se sentir ofendido e sem chão, decide carregar. A gente tem que aprender que quem tem acesso ao nosso coração, além de Deus somos nós e dele devemos cuidar. Quanto à covardia do outro, quanto a sua ingratidão ou os seus atos impensados e palavras amargas, a gente perdoa e deixa para lá. Afinal, não podemos esperar dele o que ele não tem para nos doar.

> Quando eu digo: aquieta o seu coração, eu não estou dizendo que as coisas em sua vida vão se resolver em um segundo, nem querendo te convencer que tudo será fácil. Eu estou apenas te afirmando que Deus não dorme e que quando colocamos a nossa confiança n'Ele, por mais distante ou demorado que seja aquilo que a gente deseja, Ele faz, Ele cuida, Ele realiza segundo a vontade perfeita d'Ele para nós.

VIVA

Somos o melhor projeto do Senhor e cada detalhe em nós Ele desenhou com perfeição, Ele fez com maestria, Ele caprichou, sim, pois Ele jamais colocaria uma obra sua à exposição se ela não estivesse preparada, capacitada, revisada e pronta para qualquer batalha.

Lembre-se disso quando as tempestades surgirem e os ventos soprarem forte. Lembre-se que quem te fez é mais poderoso do que qualquer ação contrária à sua vida e que nada e nem ninguém é capaz de te diminuir ou dizer que você não consegue seguir em frente.

Deus te fez perfeito e soprou em suas narinas o fôlego de vida e lhe deu uma ordem de vivê-la sem medo. Viva!

PROTEJA SEUS PENSAMENTOS

Os nossos pensamentos precisam estar protegidos para que – através deles – o nosso coração se incline a sentir o que é bom e agradável. Para que a nossa vida tenha sentido quanto a tudo aquilo que projetamos, quanto a tudo aquilo que realmente desejamos conquistar.

Quando permitimos com que o mal se aloje, damos entrada ao fracasso, deixamos que a ruindade, o pessimismo, a negatividade, a inveja e o egoísmo domine as nossas ações. Envenenando, dessa maneira, os nossos sentimentos, nos tornando instrumentos da sagacidade humana.

> Às vezes, alguns acontecimentos em nossas vidas insistem em nos dizer que precisamos aceitar as circunstâncias e abrirmos mão de tudo por não haver saída. E Deus, em seu amor e cuidado, nos mostra que é para frente que se anda. E mesmo que a estrada seja longa, difícil e árdua, há sempre uma placa nos direcionando ao lugar certo, nos dando certezas de vitória. Tudo é uma questão de fé e perseverança.

SEGUIR EM FRENTE É UMA ORDEM DA VIDA, OBEDEÇA.

Você já passou por tantas situações desconfortáveis e difíceis, já se superou de tantas outras, já viu o seu mundo cair e mesmo assim conseguiu se salvar das dores e decepções. Você já passou por caminhos apertados e sobreviveu. É hora de trazer a sua memória tudo que você viveu e venceu, é hora de recomeçar sem culpas e ressentimentos. É hora de rever os seus pensamentos, priorizar Deus e deixar com que ele trabalhe em sua vida de uma maneira grandiosa. É hora de mergulhar em sua alma e resgatar os seus valores. Seguir em frente é uma ordem da vida, obedeça.

AMOR AMIGO

Ninguém vive sozinho, sem amigo. Ninguém fica bem se não tiver um alguém para compartilhar suas dores, alegrias, momentos e sorrisos.

Ninguém, por mais que se decepcione nesta vida, deixa de criar laços afetivos com um outro alguém que lhe seja ombro, paz, que lhe entenda, que lhe abrace, que lhe jogue na parede e diga: acorda, o caminho que você escolheu está errado ou que simplesmente lhe ame mesmo quando menos merecer.

O bom amigo não é aquele que te procura 24h, mas que sabe exatamente a necessidade do seu coração, que entende os seus vazios e compreende os seus dias maus. Amigo é aquele que, por mais insatisfeito que esteja com você, não trai os seus sentimentos, não te ridiculariza, não te difama ou fica de intriguinhas bobas com outros.

Amigo de verdade tem um lado forte chamado proteção, e por mais que as suas obrigações diárias lhes desgaste ou lhe roube tempo, ele sempre dá um jeitinho de saber como você está por dentro. Amigo é aquele que faz história com a gente, que cria memórias, que sabe de todos os nossos defeitos, mas prioriza as nossas qualidades.

Eu já tive do meu lado aqueles que bateram em minhas costas muitas vezes me dizendo "tamo junto", mas na primeira dificuldade, no primeiro obstáculo, na primeira divergência, me abandonaram no caminho, me deixaram de lado, entristeceram a minha alma com atitudes que eu jamais imaginei que teriam, se revelaram exatamente como são, e não os culpo por isto.

Há pessoas que Deus coloca em nossas vidas para nos ensinar alguma coisa, outras ele tira nos ensinando alguma coisa também e, nestas experiências, eu aprendi que para ser amigo tem que saber ser irmão, tem que levar a sério o nosso coração, tem que fazer valer o nome e a força que há nele em qualquer circunstância.

Há quem diga que amigo é só Deus! Sim, ele é o nosso mais fiel e íntimo de todos, mas é o próprio que coloca em nossa vida gente de verdade para nos cuidar. Eu creio nisto! Eu tenho amigos! Poucos, mas amigos, e nenhuma decepção me faz pensar diferente. Eles existem! E eu os amo.

"O homem de muitos amigos deve mostrar-se amigável, mas há um amigo mais chegado do que um irmão."
(Provérbios 18:24)

" Que os bons amigos se abracem, se respeitem e se dediquem em amor e cuidado. Que os bons amigos se reconheçam. "

AGRADECIMENTOS

A Deus pela graça recebida mesmo sem eu merecer.

Aos meus Pais, Maria e Plínio, pelas orações, pela proteção, pelo amor, pelo que eu sou hoje e por tudo que já fizeram e ainda fazem por mim sem exigir nada em troca. Minha base, meu tudo.

Aos meus irmãos, Alysson e Weberton , cunhado, Rodolfo Santos, e sobrinhos que muito amo. Em especial, à minha irmã, Regina, pois não tenho palavras para agradecê-la por tudo que faz por mim. Pelo zelo, carinho e por ser minha irmã amiga. E à minha cunhada, Sara Alexandra, que a considero uma irmã pelo amor e cuidado por essa vida afora.

A todos os meus familiares em especial às minhas avós: Regina Leite e Cecília Maria, in memorian.

À minha amiga, Pastora Luciana, que em palavras eu jamais conseguiria expressar o quanto ela é especial e o quanto a amo pelo tanto que ela significa. E pelas tantas lutas que já vencemos juntas, mesmo tendo uma torcida contra.

À minha amiga, Pastora Nadir, que sempre torceu pelas minhas conquistas e se fez presente em meus momentos mais difíceis ao qual tenho amor e respeito.

Ao Nino Rodrigues, pessoa que aprendi a amar e respeitar pelo simples fato de acreditar desde das primeiras letras que eu chegaria até aqui.

E a todos os meus amigos verdadeiros e leitores, minha grande torcida, eu poderia citar nomes, mas não me perdoaria se esquecesse de algum. Sintam-se abraçados por mim.

Minha eterna gratidão a todos.

Cecilia Sfalsin é também autora dos livros "Minha vontade de vencer é maior" e "Se Dê Amor", ambos lançados pelo selo Trinca Edições que pertence à Crivo Editorial.

https://crivo-editorial.lojaintegrada.com. br/minha-vontade-de-vencer-e-maior

https://crivo-editorial.lojaintegrada.com. br/se-de-amor-

https://crivo-editorial.lojaintegrada.com. br/kit-presente-cecilia-sfalsin

http://crivo-editorial.lojaintegrada.com.br/

Este livro foi composto em Black Jack sobre Cartão 250g/m², para capa; em Baskerville e Avenir sobre Off Set 90g/m², para o miolo. Foi impresso em Belo Horizonte no mês de novembro de 2019 para a Trinca Edições.